A todos los niños y niñas para que, cuando se hagan mayores,
sigan teniendo en cuenta la infancia.
C. B.

A todas las niñas y niños, por recordarnos qué
es lo que realmente importa.
J. T.

Papel certificado por el Forest Stewardship Council®

FSC www.fsc.org MIXTO Papel procedente de fuentes responsables FSC® C117695

Primera edición: octubre de 2019

Travessera de Gràcia, 47-49. 08021 Barcelona

Printed in Spain – Impreso en España

ISBN: 978-84-488-5243-6
Depósito legal: B-17.468-2019

Diseño y maquetación: Multiactiva Servicios y Creaciones, S.L.

Impreso en Talleres Gráficos Soler
Esplugues de Llobregat (Barcelona)

BE 52436

Penguin Random House Grupo Editorial

César Bona | Joan Turu

DERECHOS Y DEBERES de la infancia

INTRODUCCIÓN PARA LOS MAYORES

La **Declaración de Ginebra sobre los Derechos del Niño**, firmada en 1924, fue el primer texto histórico que reconocía los derechos de la infancia. Después, los 78 miembros que componían entonces la Organización de las Naciones Unidas (ONU) firmaron la **Declaración de los Derechos del Niño** el 20 de noviembre de 1959. Al no ser obligatoria, muchos países la incumplían, por lo que en 1989 se llevó a cabo la **Convención de los Derechos del Niño**.

En 2019 se ha celebrado el 30.º aniversario de esta convención y traigo algunos datos que nos ayudarán a hacer más nuestro el compromiso para cambiar las cosas:

- 230 millones de niños y niñas viven en países o territorios afectados por conflictos armados.
- Cada año, alrededor de 1000 millones de niños y niñas son víctimas de violencia.
- 58 millones de niñas y niños de hasta 11 años y 63 millones de entre 12 y 14 años no asisten a la escuela.
- Casi la mitad de todas las muertes de niños y niñas menores de 5 años se producen como consecuencia de la desnutrición.
- La esclavitud infantil, en cualquiera de sus formas, afecta a 180 millones de niños y niñas en el mundo.
- Entre las personas inmigrantes hay casi 20 millones de refugiados, de los cuales la mitad son niños y niñas que han sido desplazados a la fuerza de sus países.

(Fuente: Unicef)

Hay muchos más datos a los que podéis acceder fácilmente.

Hace 5 años estuve en Puebla, México. Allí se celebraba el 25.º aniversario de la Convención de los Derechos de la Infancia y la Adolescencia. Se habló de todas las cosas que se habían conseguido, y de muchas que faltaban por hacer.

Dos parpadeos y el tiempo vuela. Llegado el 30.º aniversario, debemos plantearnos qué puede hacer cada uno de nosotros para que se cumplan los derechos de niños y niñas.

En estos 30 años, millones de niños y niñas han dejado de serlo, y ahora son adultos para los que la infancia es un elemento secundario. Por eso debemos hacer todo lo posible para que los derechos de la infancia y la adolescencia se traten en casa y en las escuelas, con el compromiso de que no los olviden cuando crezcan y se conviertan en adultos.

Seguro que conoces a gente que por tener distintas capacidades, orientación sexual, religión o cultura se sintió excluida de un mundo del que también forma parte. Dar un giro no depende solo de nosotros, los adultos. Hagamos que los niños, niñas y adolescentes sean los protagonistas de un cambio en el cual nosotros debemos ser los primeros en creer. Y recordemos que los primeros garantes de los derechos de niños y niñas somos todas las personas que los estamos educando, y que la tolerancia o el respeto a las diferencias, la participación en la sociedad, el compromiso con la naturaleza... no aparecen una mañana de repente: se educan, y para ello es vital la participación de niños, niñas y adolescentes.

Y tú, ¿cómo te llamas?
Escribe aquí debajo cómo puedo llamarte yo:

....

Para que pueda verte, debes meterte en este libro también. Dibújate.

NUESTROS DERECHOS Y NUESTROS DEBERES

En algunos lugares del mundo hay muchos niños y niñas que no pueden ir a la escuela; otros no pueden comer todos los días; algunos tienen que trabajar en las calles; en según qué sitios, si se ponen enfermos, no pueden ir al médico; y a algunos hay quienes los miran raro porque son diferentes... ¡No lo entiendo! ¡Si todos somos diferentes, y eso es lo chulo! Pero esto no solo pasa en países lejanos. Muchas veces lo tenemos más cerca de lo que pensamos.

Por eso, unas cuantas personas se reunieron un día para pensar en cómo protegernos y que podamos crecer felices y seguros, y de ahí salieron los DERECHOS. De ahí salió la Convención de los Derechos de la Infancia.

TODOS los niños y niñas tienen esos derechos: da igual el color de la piel, religión, cultura, nacionalidad o la forma de la nariz; no importa que seas alto o bajito, no importa cómo andes, cómo cantes o que te guste el fútbol o el teatro.

Pero... ¡atención! ¡Esto es muy importante! Por cada derecho que tenemos, también tenemos, por lo menos, un DEBER. Los DEBERES que te cuento no son las tareas del cole. Los deberes son lo que tenemos que hacer cada uno de nosotros para que todos, niños y niñas, aunque no los conozcamos, estén bien.

¿Qué derechos tienes? Por ejemplo, como sudo más que mi hermano, tengo derecho a ponerme tumbado en el suelo con la barriga a la fresca.

♥ Derecho a estar bien en casa...

♥ Derecho a merendar, a ducharme, a un rato de intimidad...

♥ Derecho a echarme la siesta cuando tenga sueño...

Pero, aparte de estas ocurrencias mías tan geniales, hay unos derechos para todos los niños y niñas. ¿Quieres conocerlos para contárselos después al vecino?

¿QUÉ ES SER NIÑO?

Para empezar, tenemos que saber qué es ser niño o niña.

Para mí, niño o niña es una persona de edad no muy alta y que es bastante rebelde. A veces es alguien muy trasto, muy movido. Otras veces nos quedamos quietos esperando a ver qué pasa.

Un bebé es un niño también, pero no sabe hacer casi nada. No como nosotros, que ya sabemos hacer muchas cosas interesantes, como contar hasta que te cansas, construir castillos con cajas de cartón o separar los guisantes del arroz.

Niño o niña, entonces, es «persona pequeña». Miniatura. Ser minúsculo. Diminuto. Claro, que un bebé, comparado conmigo, es un ser casi microscópico. En realidad, sueles ser niño hasta que cumples los 18 años.
¡Imagínate con 18 años!

COMPRA
OFERTA
adult@s
niñ@s

DERECHO A UN NOMBRE

Ya ha quedado claro que tú y yo tenemos un nombre bien chulo,
pero ¿sabes que hay niños que no tienen nombre?
No pueden llamarlos de lejos, ni mandar cartas, ni pueden
ponérselo en su ropa por si se les pierde...

¿Tú conoces a algún niño o alguna niña que no tenga nombre?

Ayúdame a escribir algunos en esta pared por si alguien no tiene,
y que así se lo pueda quedar.

Patricia
HANA
José
PILAR
Laura
Olegario
Pol
DANI
BIEL
Julieta
Abril
JAUME
IÑAKI
Jeshua
Martina
VALENTINA
SOUEIDAN
ANDRES
MARTA
AURA
CANDELA
PIERRE
SOL
LUCAS
GUIU
OT
omar
胡安
SANTI
वरुण
سميرة
EMILY
CRISTINA
Marcos
ANUR
NAHOMI
DANIEL
Raquel
मंगल
CRIS
ANA
चंद्र
DAKARI
Elena
ABDEL
William
DASHA

DERECHO A UNA NACIONALIDAD

¿Sabes qué es tener NACIONALIDAD? Claramente, nacionalidad es...
CRI, CRI, CRI.
Nacionalidad viene de nación...

Europa no es una nación. América tampoco. África tampoco...
Eso son continentes.

Naciones son, por ejemplo, Portugal, Costa Rica, Perú, España, Marruecos, Rumanía, Túnez, Italia, Chile...

Tener nacionalidad es ser de un país.

En algunos sitios hablan raro, como en Francia. En otros, las galletas son muy dulces, como en Marruecos.

En las escuelas hay niños y niñas de muchas nacionalidades... Por eso podemos aprender mucho unos de otros. Tenemos el DERECHO de tener una nacionalidad y tenemos el DEBER de respetar a los niños y niñas de otros países como nos gustaría que hicieran con nosotros.

En algunos mapas se ven los países y entre ellos hay líneas, pero son muy finas y se pueden saltar. Aunque algunos ponen muros para que la gente no pase. Eso no lo entenderé nunca.

REFUGIADOS

Eso les pasa a algunos refugiados. ¿Que no sabes qué es eso? ¡Te lo explico!

Un refugio es un sitio que te protege de la lluvia, de una tormenta, del frío... Así que REFUGIADO es una persona que tiene refugio si llueve o hay tormenta, ¿no? Pero también, cuando hay guerras, hay muchos niños y niñas que tienen que irse a otro país porque se han quedado sin alimentos, sin escuela, sin casa... Van en barco o andando un camino muy largo. Pero muchas veces no los dejan entrar porque los ven diferentes o porque van manchados de barro.

Si yo fuera refugiado, me iría a un país bonito donde no hubiera guerra y me gustaría tener amigos y casa. ¿Te imaginas que fueras un refugiado o una refugiada? ¿Qué harías?

Si conoces a algún refugiado, nadie te obliga a cuidarlo y a hacer que se sienta bien, ¡pero, si lo haces, le vas a alegrar mucho y tendrás un amigo para siempre!

REFUGEES
WELCOME
OPEN
THE
BORDERS

DERECHO A OPINAR Y PARTICIPAR

«Opinión» es algo que tú piensas y lo dices, como, por ejemplo: «Mamá, no me gustan las acelgas», aunque después tengas que comerte unas pocas.

En CASA me gustaría opinar sobre qué vemos en la tele, qué cosas puedes meter contigo a la bañera... Me gustaría que los guisantes supieran a otra cosa y que las zanahorias fueran más blandas y no hicieran tanto ruido. También me gustaría opinar sobre tener un tobogán que vaya de mi ventana a mi jardín o sobre a qué hora hay que irse a dormir.

A veces no me gusta que opinen de manera diferente, pero hay que aprender a escuchar, y entonces te darás cuenta de que no siempre tienes razón. Y tu padre, tu madre o las personas mayores a veces opinan de manera diferente, pero nos están educando y hay que abrir bien las orejas porque lo que dicen suele ser interesante.

¿Sobre qué te gustaría opinar a ti?

¿Y en la ESCUELA? Me gustaría opinar sobre qué estudiar. Me gustan mucho los árboles gigantes y casi no se habla de ellos. Tampoco de motocross o de exploradores que dan la vuelta al mundo. A veces, en la escuela no opino mucho porque no tengo tanta confianza. Y además es difícil, porque hay muchos niños y niñas, y no da tiempo a escuchar todas las opiniones.

¿Y en la CALLE? Me gustaría que hubiera más plantas, estanterías con libros o espejos de esos en los que cuando te miras pareces altísimo. Me gustaría que los coches no echaran humo o que no hubiera perros ni gatos abandonados. Deben escucharnos más y dejarnos participar. Si no, ¿cuándo quieren que participemos? ¿Cuando seamos mayores? ¡Si ya no sabremos!

Nuestro DEBER es respetar las opiniones que tienen otras personas.

DERECHO AL JUEGO

¿Sabes? En muchos países hay niños y niñas que no pueden jugar porque los obligan a trabajar en las calles, en minas, haciendo zapatos... ¡Eso no puede ser!

¿Crees que tienes derecho a jugar? ¡Claro! Todos los niños y niñas tenemos derecho a jugar, pero para eso tienen que darnos tiempo.

Se puede jugar de muchas maneras: a veces se hace con objetos, otras veces los inventamos, a veces jugamos solos y otras veces con amigos.

Hay un montón de juegos: el pillapilla, el dominó, el escondite, algún videojuego, las cartas, dar botes, hacer el pino y ver todo al revés, el veoveo...
¿Y tú, a qué juegas?

.....

.....

.....

Cuando jugamos, tenemos el DEBER de cumplir las reglas del juego, dejar todo tan limpio como estaba antes de empezar el juego, cuidar los juguetes, compartirlos también. Y nunca nunca nunca hay que burlarse si ganas. Eso es algo terroríficamente feo.

Cuando uno tiene amigos se siente menos solo. Por eso, aunque no sea un deber, invitar a otros niños a que jueguen con nosotros es algo que te hace brillar.

¡Ah, y los niños y niñas que no puedan usar los columpios tienen derecho a columpios adaptados!

NIÑO Y NIÑA, NIÑA Y NIÑO, NIÑO Y NIÑA, NIÑA Y NIÑO

¿Piensas que **NIÑOS** y **NIÑAS** tienen los mismos derechos?
¡Pues claro!

Hay niños mandones. Hay niñas mandonas. Hay niños que son muy felicianos, igual que hay niñas que son felicianas. Mi vecina de arriba es policía. Mi otro vecino tiene tres perros que se llaman Cactus, Arturo y Pistacho. Y son los dos bien majos y hacen lo que les gusta.

Hay niños a los que les gusta el fútbol; a otros, no. Hay niñas a las que les gusta el fútbol; a otras, no. Lo mismo pasa con el teatro, con bailar, con cantar, o con hacer manualidades, artes marciales o el pino.

Niñas y niños tenemos los mismos derechos y los mismos deberes, y el secreto está en saber que, si en alguna cosa nos vemos distintos, **esa diferencia nunca se convierta en desigualdad**, ¡sino en algo que nos haga aprender juntos!

DERECHO A CUIDADOS ESPECIALES

¿Sabes qué es tener distintas capacidades?
Que una gaviota puede volar y yo no.

Yo no sé volar. Tampoco puedo levantar mucho peso, y silbar me sale raro. Mi amiga sabe tocar la guitarra, y yo ni idea. Jugar al fútbol se me da regu, y no quedo de las primeras en las carreras.

Pero sé hacer reír. Sé cocinar platos ricos y con sorpresa: cuando quiero hacer un huevo frito me sale una tortilla y cuando quiero hacer una tortilla me salen huevos revueltos.

Eso es **tener distintas capacidades: que cada niño y cada niña puede hacer distintas cosas**: coser, escuchar, imitar animales, dibujar ranas, hacer compañía..., aunque otras se nos den regular.

¡Todos los niños que conozco tienen distintas capacidades y saben enseñarnos cosas que no sabemos!

¿Conoces a niños que tengan distintas capacidades?

Ahora viene la pregunta: ¿tiene los mismos derechos un niño o una niña que sea diferente a ti? ¡Eso es! **¡Claro que tiene los mismos derechos!**

Hay niños y niñas a los que no les resulta fácil aprender, o ver, u oír, o caminar, o relacionarse con los demás..., y tienen derecho a recibir el cuidado que necesiten. Ven las cosas de una manera diferente a ti, ¡y eso hace que puedas aprender mucho de ellos!

Cuando vemos a un niño con distintas capacidades, tenemos el **DEBER** de respetarlo y pensar qué podemos hacer para que esté a gusto.

Capacidades diferentes
iguales derechos

DERECHO A LA SALUD

¡Tose!

No te sale mal...

Toser es una pista de que podemos estar enfermos. O eso, o que te has atragantado con una miga. Cuando te pones enfermo, a veces tomas jarabe y vas al doctor. ¡Y en un ris-ras te cura!

Todos los niños y niñas del mundo tenemos derecho a que nos vea un médico si nos duele la tripa, si tenemos fiebre, si nos caemos...

Esto ya lo sabrás, pero cuando estás enfermo no conviene que te metas en charcos o vayas descamisado por ahí.

Para estar sanísimos tenemos el deber de cuidarnos; comer sano; dormir las horas necesarias, aunque a veces no tengamos sueño; hacer algún deporte que nos guste; y hacer caso a los mayores, que ellos saben de esas cosas.

¡Papás, mamás! ¡Dadnos cosas sanas para merendar!
¡Más frutas de todos los colores!

doodlees

DERECHO A LA EDUCACIÓN

¿Para qué sirve la escuela? Para aprender muchas cosas, para hacer amigos por el camino, para conocer a otros niños y niñas... Y cuando no entiendes algo, allí te lo explican para que lo entiendas. Cuanto más sepamos, más cosas podremos hacer en la vida y mejor sabremos comportarnos.

¿Crees que ir a la escuela es un derecho o un deber?
¡Pues los dos!

¿Solo se estudia de niño? ¡Pues no! Mi mamá está siempre leyendo cosas y luego me las cuenta (algunas, por lo menos). Y conozco gente muy muy mayor que sigue aprendiendo cosas y sabe un montón.

¿Y sabes cuáles son tus deberes en la escuela? Escuchar, ayudar, portarte bien, ser educado...

Tener una escuela donde poder ir es una suerte. **¡No debería haber ningún niño en el mundo sin escuela!**

$E=mc^2$
4+3 = 7

DERECHO A VIVIR EN UN PLANETA SANO

¿Nunca has abrazado un árbol? ¡Pruébalo y verás qué paz!

La gente se piensa que el planeta es suyo, y entonces hacen lo que quieren: cortan árboles, y cada vez quedan menos bosques; o ensucian los ríos y el mar con plásticos, y los animales no pueden vivir así. Y algo que hacemos todos los días, como respirar, cada vez es menos sano.

La Tierra no es nuestra. Es el lugar donde vivimos, y tenemos que cuidarla como cuidamos nuestra casa.

Además, seguro que sabes que los bosques están para darles un hogar a muchos animales, y sin los bosques no podríamos respirar.

¡Los niños y niñas del mundo tenemos derecho a poder vivir en un planeta limpio!

Nosotros, niños y niñas, podemos hacer muchas cosas para educar a nuestros padres. ¿Que no te lo crees? Enséñales estos **DEBERES**:

Abrir el grifo solo cuando lo necesitamos y cerrarlo después (aunque salga agua sin parar, se gastará si no la guardamos).

El papel viene de los árboles, no hay que malgastarlo.

En lugar de arrancar flores para regalar, planta una flor o regala un árbol plantado: le puedes poner nombre y visitarlo y regarlo.

Si vas a comprar, ¡llévate tu bolsa para no usar plástico!

¿Sabes una manera muy fácil de mantener el planeta limpio? No arrojar nunca basura al suelo y recoger entre todos la que veamos.

¡Y no olvides las 3 R! **¡Reducir, reciclar y reutilizar!**

¡Ayúdame con más ideas!

....

....

....

....

....

....

PACO
PAN

¡MÁS DERECHOS Y MÁS DEBERES!

¿SE TE OCURREN MÁS DERECHOS?

Has visto que tenemos muchos derechos, y si pensamos se nos ocurrirán más, como estos:

- Derecho a tener una familia que nos proteja y nos dé cariño.
- Derecho a probar y experimentar.
- Derecho a dar saltos sobre la cama, al menos una vez al mes.
- Derecho a que nos cuenten cuentos.
- Derecho a hacer tartas.
- Derecho a leer tumbados en la alfombra.
- Derecho a salir de excursión y descubrir ciudades perdidas.

¡Escribe todos los derechos que se te ocurran para llenar esta página!

MÁS DERECHOS

¿SE TE OCURREN MÁS DEBERES?

Estos son algunos derechos, pero no puedes ir por la vida diciendo: «¡Tengo derechos! ¡Tengo derechos!», porque, si gritas eso, también deberías gritar: «¡Tengo deberes!».

Tener deberes también mola. Es como tener una misión que cumplir: algo con lo que te comprometes y que va a hacer que otros estén mejor gracias a ti. Y, a la vez, te hace sentir bien.

Has visto que tenemos unos cuantos deberes, pero también se me ocurre que escribamos otros. Por ejemplo:

EN CASA: recoger los platos, ayudar a poner la mesa, escuchar con atención a tus padres, hacer tu cama, doblar tu ropa y meterla en el armario, dejar tu silla sin cosas encima (¡que había veces que no encontraba mi silla, de todas las cosas que había encima!).

Diluvi
EL MEU COR ÉS TA CASA
XAVI SARRIÀ I EL COR DE LA FERA
SMOKING SOULS
CENDRA I OR
RF87N
ATENCIÓ
SK8

Escribe los deberes que se te ocurran para cumplirlos.

EN LA CALLE:

EN LA ESCUELA:

CON LOS DEMÁS:

Piensa una cosa: que cuando nosotros crezcamos y seamos mayores, habrá otros niños y niñas que estarán esperando que nosotros los escuchemos. Lleva eso siempre en la memoria.
Y, antes de que cierres este libro, recuerda esto:

¡Si ves que a un niño o una niña no le tratan igual de bien que a ti, hay que dar un paso y defenderlo! SOMOS LOS DEFENSORES DE LOS DERECHOS de otros niños y niñas, ¡no lo olvides nunca!

FIN

DERECHOS

AGRADECIMIENTOS

A Jaime, Álvaro, Martina, Berta, Hugo, Mariana, Ferrán, Alina, Alba, Felipe, Laura, Daniel, Diego, María, Joan, Nico y Daniela: niños y niñas que, en nombre de tantos, han inspirado este libro desde España, Colombia, Ecuador, Costa Rica, Argentina, Perú, Venezuela, Chile, México, Nicaragua o Uruguay.

A Unicef, Aldeas Infantiles SOS, ACNUR, Save the Children, Plan Internacional, Plataforma de Infancia, Ayuda en Acción, Payasos sin Fronteras, Global Humanitaria, Acción contra el Hambre, Entreculturas, Proyecto Solidario, World Vision International, Infancia sin Fronteras y a todas aquellas organizaciones o personas independientes que, de forma anónima, hacen lo posible para que un día todos estos derechos se cumplan.